NFT
(Fichas no fungibles)
2021-2022

Guía para principiantes sobre el futuro del comercio
de arte y coleccionismo
y Activos Digitales

STELLAR MOON PUBLISHING

Descargo de responsabilidad

Introducción

Este revuelo no tiene parangón: La demanda de NFT es alta y va en aumento, el mercado de comercio de activos digitales se ha convertido en un negocio lucrativo.

Artistas, inversores y coleccionistas están percibiendo nuevas oportunidades, porque los tokens virtuales están abriendo las puertas a un mercado futuro potencialmente enorme. Un NFT del artista gráfico Mike "Beeple" Winkelmann ya ha alcanzado los 69 millones de dólares estadounidenses, y los memes también están cambiando de manos por precios de seis cifras.

¿Qué son exactamente las NFT y para qué pueden servir?
El término "ficha no fungible" (NFT) es una abreviatura de "ficha no fungible".

A diferencia del Bitcoin o de cualquier otro billete, los NFT son distintos, es decir, son completamente diferentes y no son intercambiables.
Por ello, un NFT puede carecer casi de valor, mientras que otro puede ser subastado a un empresario de Singapur por 69 millones de dólares.

Así, mientras que las criptomonedas pueden negociarse del mismo modo que el dinero normal, las NFT demuestran la propiedad legal, así como la propiedad de las obras y los medios digitales. Los NFT también pueden ser firmados criptográficamente, lo que les otorga la propiedad.

Ya sean imágenes, música, entradas para eventos virtuales o nombres de usuario y objetos en juegos de ordenador: Todos estos bienes digitales son comercializables gracias a los NFT, que también certifican reclamaciones de propiedad legalmente válidas.

En la actualidad, la propiedad de los NFTS se almacena principalmente como un componente de la cadena de bloques de Ethereum.

Este libro sobre las NFT ha sido recopilado por los expertos en criptografía de Stellar Moon Publishing y le enseñará todo lo que necesita saber sobre el futuro del comercio de bienes digitales.

Tenemos todo cubierto, desde las tendencias actuales hasta todo lo que necesita saber sobre la compra o venta de NFT.

Índice de contenidos

Nuestros libros

Echa un vistazo a nuestro otro libro para aprender más sobre el comercio de criptomonedas, la inversión, cómo obtener beneficios y consejos y estrategias esenciales para un comienzo a prueba de fallos en el universo de las criptomonedas.

Únase al exclusivo Círculo Editorial de Stellar Moon!

Obtendrá acceso instantáneo a la lista de correo con actualizaciones de nuestros expertos cada semana.

Inscríbase hoy aquí:

¿Qué son exactamente las NFT?

Como ya dijimos en la introducción, un NFT significa "Non-Fungible Token" y con ese término, describe un valor no intercambiable.

Así, una NFT se contrapone a los valores intercambiables, como una moneda. La fungibilidad, o intercambiabilidad, es un término utilizado en economía y finanzas. Es la capacidad de intercambiar un artículo con otro similar de valor comparable. Por ejemplo, cuatro billetes de 5 euros pueden intercambiarse por un billete de 20 euros sin que cambie su valor. Los valores no "fungibles", NFT, son exactamente lo contrario. Cada NFT es único y no puede ser sustituido por otro artículo.

Un buen ejemplo de este tipo de artículos que no pueden sustituirse son, por ejemplo, los cuadros famosos. No se puede sustituir un cuadro original de Van Gogh por un póster de la tienda del museo. El póster no tiene el mismo valor que el cuadro real.

La diferencia entre fungible y no fungible

Para entender lo que hace que la NFT sea tan única, hay que comprender primero la distinción entre materiales fungibles y no fungibles.

Cuando algo es fungible, significa que es intercambiable de forma homogénea. Los billetes o los metales preciosos son ejemplos de ello en el mundo real: un gramo de oro puro vale lo mismo que otro gramo de oro puro. Y no importa que le des a alguien un billete de diez euros si no te devuelve exactamente el mismo billete.

Cuando algo no es fungible, todo esto cambia. Aunque dos objetos puedan parecer idénticos a primera vista, ambos poseen información o propiedades únicas que los hacen insustituibles o no intercambiables.

Un billete de avión es un ejemplo de bien no fungible. A primera vista, los billetes de avión parecen ser iguales, pero cada billete contiene un nombre de pasajero, un destino y un número de asiento diferentes.

Por ello, cambiar un billete de avión por otro puede tener graves consecuencias. En el ámbito digital, es análogo a las NFT. Los dominios de Internet son otro ejemplo, porque cada dominio sólo puede existir una vez.

¿Cuál es la diferencia entre fichas no fungibles y fungibles?

Los tokens no fungibles pueden limitar y representar cosas en el espacio digital de una manera única. Muchas otras criptomonedas y tokens, como Bitcoin y Ether, son fungibles. No notarías la diferencia si enviaras a alguien éter y recibieras éter a cambio.

Lo mismo ocurre con los tokens: la mayoría de los tokens se basan actualmente en el estándar ERC-20 de Ethereum. Para simplificar, consideremos que cada uno de estos tokens es un billete de diez euros. Si envías este token a alguien y luego recibes otro una semana después, este token es idéntico al otro.

Con los tokens no fungibles, todo eso cambia. Actualmente, la mayoría de los NFT en la Blockchain de Ethereum se adhieren al estándar ERC-721. Los tokens de este estándar pueden compararse con los cromos de Pokémon o Yu-Gi-Oh. Cada ficha tiene su propio conjunto de características y un nivel de rareza diferente.

Hay otra diferencia significativa que debe conocer. Los tokens fungibles son divisibles, lo que significa que se puede enviar o poseer una fracción de un Bitcoin u otro token ERC-20. Al igual que el dinero en efectivo, se puede pagar con un billete de diez euros y obtener el cambio de vuelta.

Las fichas no fungibles, en cambio, no pueden compartirse y deben comprarse o venderse en su totalidad. De forma similar a las cartas coleccionables, donde nadie compraría solo media carta.

SUCK MY
DUCK
COMBO
@combo-ck

Casos de uso de las NFT

Las aplicaciones de la NFT son prácticamente ilimitadas. Los tokens no fungibles, de hecho, pueden servir de base para una nueva economía digital basada en la tecnología blockchain. El mundo real y el mundo digital pueden coexistir con la ayuda de NFT.

Además de mapear la escasez y la singularidad en el espacio exclusivamente digital, también se facilita enormemente el proceso de digitalización de objetos y activos del mundo físico al virtual.

Juegos

Actualmente está prohibida la venta de armas raras o skins en juegos populares como World of Warcraft, Fortnite, CS: GO y League of Legends. Tampoco es posible combinar objetos o skins de diferentes juegos. Sería posible transferir objetos y asignar claramente los derechos de propiedad mediante NFT. Esto aliviaría algunas de las molestias más importantes que experimentan los jugadores ávidos.

Arte

Proteger sus derechos de autor y ganar dinero en la era digital suele ser una pesadilla para los artistas.

Alguien puede utilizar las NFT para comprar una obra de arte y presentarla en un espacio virtual, con la blockchain como prueba de la propiedad.

Esto permite a los artistas proteger sus derechos de autor y quedarse con una mayor parte de los ingresos de la venta. Además, una NFT puede configurarse de forma que genere una fuente de ingresos recurrente por cada venta posterior de la misma. Recientemente se han vendido varias NFT por cientos de miles de euros, y muchos esperan que el sector de las NFT de arte crezca espectacularmente en el futuro.

Coleccionables

Las NFT ya se están utilizando para crear tipos de coleccionables completamente nuevos, como se ha visto con los CryptoKitties, el Fantasy Football Game Sorare y el NBA Top Shot de Dapper Labs.

Sorare, por ejemplo, permite a los usuarios comprar versiones tokenizadas de sus jugadores favoritos. El concepto es similar a los cuadros de la colección Panini que muchos recuerdan de su infancia. El mismo principio se está aplicando ahora en el mundo digital en forma de coleccionables digitales, que representan digitalmente la posesión de una tarjeta comercial.

Activos financieros

Existe un mercado considerable de NFT para los activos virtuales. Es posible comprar terrenos de tierras virtuales en plataformas como Decentraland y Cryptovoxels.

Estos lotes, al igual que los del mundo real, tienen características distintas.

Estas propiedades ya se negocian por decenas de miles de euros en mundos virtuales. Además, el sitio web Unstoppable Domains tiene nombres de dominio tokenizados. Cualquier nombre de un sitio web puede convertirse en un NFT que cualquiera puede negociar libremente.

Aunque este ámbito de las NFT aún está en pañales, los activos reales, como las obras de arte o los contratos discográficos, pueden tokenizarse como NFT. Las NFT se utilizan para demostrar la propiedad (parcial) de una obra de arte o para regular las reclamaciones de derechos de autor.

Identidades

Todas las personas son únicas, desde su aspecto hasta sus calificaciones educativas y su historial médico. Es posible tokenizar esta identidad utilizando tokens no fungibles. Esto significa que todos los datos disponibles sobre una persona pueden representarse como un NFT, lo que permite a las personas recuperar el control de sus datos.

¿Por qué debería comprar NFT?

Una imagen puede ser vista, copiada y guardada en línea por casi cualquiera. Una NFT, en cambio, proporciona al comprador algo que no puede ser duplicado. Concretamente, la propiedad de una obra. Las NFT pueden compararse con los objetos de colección.

Como los cuadros, los sellos y los cómics, pero en formato digital. Sin embargo, a primera vista, parece que está comprando algo que ya está disponible libremente en Internet. Por ejemplo, fotografías y vídeos. Hace poco se vendió un mate de LeBron James como tarjeta comercial por 208.000 dólares. El vídeo, sin embargo, está disponible libremente en Internet.

La cuestión aquí es que un objeto de colección en la vida real es tangible. Un cuadro, como la Mona Lisa, puede tener un aspecto diferente al de una copia de un póster. En cambio, los NFT digitales no se distinguen visualmente de sus copias. Sólo el uso de la codificación subyacente garantiza que se trata del original.

Por tanto, una NFT sólo tiene valor porque otros le dan un valor ficticio.

En el contexto del mate de LeBron, esto significa que la tarjeta comercial que incluye el vídeo es el clip oficial de la NBA.

Tener el clip oficial añade prestigio a la tarjeta, aumentando su valor. Sólo los que tienen esta tarjeta tienen la verdadera propiedad del clip. Todo lo demás es una imitación.

¿Cómo se garantiza que los originales no sean simplemente copiados?

La blockchain de Ethereum incluye NFTs. Este es el marco fundamental de la criptomoneda "Ether", que es la segunda más valiosa del mundo después de Bitcoin. Aunque otras blockchains han implementado ahora las NFT, la red Ethereum sigue siendo la mayor plataforma de NFT.

En consecuencia, las NFT son un tipo de criptodivisa. Sin embargo, son distintas de Bitcoin, Ether y otras criptodivisas. Tienen una firma digital, similar a la firma de un gran pintor. Esto significa que el original siempre puede ser identificado como tal, aunque haya muchas copias similares.

El blockchain es análogo a un sistema de contabilidad para las cuentas, pero es totalmente online y digital. Es un método seguro de seguimiento de la venta de artículos digitales. Las NFT, por su parte, se almacenan como una cadena de números y letras, a diferencia de un libro de cuentas.

Este certificado virtual almacena información sobre el propietario o titular de un NFT, así como la fecha de venta y a quién se vendió.

La transacción de dinero gastado en una NFT se añade a la lista de transacciones anteriores con la compra. El almacenamiento de estos datos en la cadena de bloques garantiza la autenticidad y la singularidad de la NFT.

¿Quién necesita las NFT en primer lugar?

Esto resuelve un problema al que se enfrentan muchos creativos en Internet.

Les permite asegurarse de que sus obras no sean simplemente copiadas y distribuidas en Internet. El valor de un original único aumenta como resultado de su creación. Sólo puede existir un original auténtico de cada NFT.

En consecuencia, el objetivo es crear una escasez artificial. Un buen ejemplo es un servicio de streaming como Spotify. Los músicos solo reciben una pequeña cantidad de dinero por sus canciones en Spotify. Sin embargo, si una canción solo está disponible como NFT como original en Internet una vez, su valor se dispara.

Puede haber múltiples copias de la canción, pero sólo una persona puede ser dueña del original. Además, el creador de una NFT puede estipular en ella, por ejemplo, que se le pague una determinada cantidad cada vez que se revenda la ficha.

Los creadores pueden ahora ofrecer artículos para los que antes no existía una plataforma de venta gracias a las NFT. GIFs o pegatinas, por ejemplo, para enviar a través de Messenger.

En teoría, las NFT pueden ser cualquier cosa que pueda almacenarse digitalmente. Sin embargo, por el momento, se hace hincapié en el arte digital.

Las NFT se rigen por la especulación.

Las NFT son también una forma de ganar dinero para los muestreadores no cualificados. En el mercado del arte, uno puede comprar una NFT y especular con que su valor subirá.

Alguien, por ejemplo, compró un "Gucci Ghost" por 3.600 dólares en el sitio web "Nifty Gateway" y ahora quiere 16.300 dólares por él. La tarifa original para crear la imagen era de 200 dólares estadounidenses.

¿Qué tipos de NFT existen?

Se utilizan NFT, arte digital y coleccionables deportivos, pero también videojuegos. Una de las primeras aplicaciones que hizo uso del principio de las NFT fue el juego de coleccionismo digital "CryptoKitties" de 2017. Los jugadores del juego podían comprar, intercambiar y criar gatos coleccionables. Cada nuevo gato era un NFT, lo que garantizaba su autenticidad y singularidad.

La copia original de "Nyan Cat", un popular meme de 2011 que era en parte gato y en parte pop-tart (un pastelito dulce estadounidense), se vendió en una subasta en línea en febrero por 300 éteres (aproximadamente 600.000 dólares).

La banda estadounidense Kings of Leon recaudó 2 millones de dólares con el lanzamiento de un álbum sólo digital.

En marzo, el primer tuit del fundador de Twitter, Jack Dosey, se vendió por 2,5 millones de dólares. Incluso el New York Times vende artículos como NFT por una miseria de 560.000 dólares.

También en marzo, la casa de subastas Christie's subastó su primera obra de arte puramente digital en forma de NFT por 69 millones de dólares: un collage de imágenes llamado "Los primeros 5.000 días", que llevaba 13 años de trabajo.

La NBA estadounidense, por ejemplo, muestra cómo los NFT funcionan como tarjetas de intercambio con Top Shot. Los usuarios pueden utilizarlo para coleccionar vídeos cortos de momentos destacados del baloncesto. Desde octubre de 2020, NBA Top Shot ha generado más de 333 millones de dólares estadounidenses.

Por supuesto, el hecho de que una NFT sea única no significa que cada objeto exista sólo una vez. Las cartas coleccionables, por ejemplo, pueden existir varias veces, como en la vida real. Sin embargo, gracias a la cadena de bloques, es posible rastrear cuándo ha cambiado de manos cada tarjeta individual.

¿Por qué algunas NFT valen millones de euros?

Aquí es donde las cosas se ponen emocionantes y potencialmente peligrosas. Las opiniones sobre NFT varían enormemente, al igual que sobre Bitcoin y otras criptodivisas. Algunos ven los tokens como una revolución inevitable en el mundo del arte, mientras que otros los ven como un truco con un enorme potencial de pérdidas.

Aunque no puedes colgar NFT en tu pared, los tokens ya se han vendido por precios exorbitantes: El primer tuit de Jack Dorsey se vendió por 2,5 millones de dólares, una colección del creador de Rick y Morty, Justin Roiland, se vendió por 2,3 millones de dólares, y la "Disaster Girl" Zo Roth vendió un NFT de sus memes por nada menos que 500.000 dólares.

Estas grandes sumas sólo son posibles cuando existe la correspondiente demanda, que actualmente es especialmente alta debido al revuelo que rodea a la NFT. Los especuladores y coleccionistas se sienten atraídos por ello.

Además, el arte digital es, sin duda, un poderoso mercado del futuro, por lo que NFT está destinado a despertar a algunas personas de la industria del arte.

Por supuesto, esto no es una garantía de riqueza instantánea; pueden formarse burbujas en la NFT, y pueden producirse grandes pérdidas, pero también beneficios masivos.

¿Hay futuro para las NFT?

Sólo podemos especular, pero todo parece apuntar en esa dirección por el momento. Si el arte digital es viable en el futuro, es probable que las NFT también lo sean.

En teoría, son posibles muchos otros ámbitos de aplicación. Las fichas podrían utilizarse como entradas a prueba de falsificaciones para eventos que van desde conciertos hasta parques acuáticos, además de servir como certificado de autenticidad.

Algún día podrían verificarse con ellas objetos no digitales, y también podrían utilizarse para identificar a las personas, por ejemplo, ante las autoridades o las oficinas públicas.

También hay juegos de ordenador en los que las NFT adoptan la forma de objetos, personajes o terrenos virtuales. Binance, la mayor plataforma de comercio de criptodivisas del mundo, también ha entrado en escena: Noch en junio de 2021, se establecerá un mercado independiente para las criptodivisas.

En este sentido, hay que considerar tanto la venta de artículos premium de alto precio como la venta de productos Otto-Normal: Un segundo mercado para todos debería permitir el intercambio de bienes dudosos.

Binance comenzará con una comisión del 1%, lo que implica que la empresa apuesta por un mercado en crecimiento.

Así pues, parece que las NFT han llegado para quedarse, y podrían ser una opción de inversión muy interesante y rentable.

Cuestiones de NFT

¿Quién garantiza que una obra siga siendo única?

Comprar una NFT a un artista, por cierto, no significa que éste pierda sus derechos de autor sobre ella. Ese es uno de los problemas potenciales de las NFT. Después de todo, ¿qué pasa si alguien decide simplemente vender la misma obra de arte que ya has comprado por segunda vez?

Hasta ahora, el joven mercado de NFT no ofrece una solución a esto. Por lo tanto, es importante asegurarse de que la persona que vende es de confianza. Por lo tanto, el primer puerto de escala debería ser las plataformas de venta conocidas, como Nifty Gateway, OpenSea y Rarible.

Consumo de energía extremadamente alto

Las NFT, al igual que otras criptodivisas, requieren cada vez más energía porque las cadenas de bloques tienen una gran demanda de potencia de cálculo. Por ello, algunos creadores ya han declarado que no volverán a crear NFT en el futuro para evitar que siga aumentando la demanda de energía.

Sin embargo, en cualquier caso, esto supondría un problema al que tendríamos que enfrentarnos en algún momento. No se puede eludir, es simplemente un reto en nuestra evolución que tendremos que superar.

Tenemos que cambiar a fuentes de energía renovables lo antes posible y, en esencia, la criptomoneda podría ayudar con ese problema, debido a la urgencia y al hecho de que en algún momento, los combustibles fósiles se agotarán.

Los NFT no están protegidos contra el borrado

En lugar de, por ejemplo, comprar un cuadro para colgarlo en el salón, cuando se adquiere un NFT, sólo se compra un tipo de título de propiedad, no el NFT en sí.

La escritura de la cadena de bloques contiene toda la información sobre la autoría, las transacciones y la propiedad de una NFT y, como tal, no puede ser eliminada. El NFT, por otro lado, debe ser almacenado en un servidor en algún lugar.

La compra de una NFT le garantiza esencialmente el acceso a la misma. Si el sitio web es eliminado o el servidor donde se almacena la NFT es reubicado, este código no le llevará a ninguna parte. En este caso, poseer una NFT equivale esencialmente a poseer un enlace muerto en Internet.

La cuestión del valor

También es cuestionable que la posesión de un NFT único lo haga valioso por sí solo. Es cierto que un comprador o adquirente posee el NFT original y genuino. Sin embargo, al tratarse de arte digital, esa persona no puede impedir que otros copien la imagen y la compartan en línea.

Entonces, ¿son las NFT una burbuja digital en evolución? Los inversores siguen creyendo que las NFT son la próxima revolución digital. Pero todavía hay muchas preguntas sin respuesta. Si se compra una NFT, ¿quién garantiza que valdrá el dinero? El valor de un objeto es sólo mientras haya personas que gasten dinero en él. Al igual que otras criptomonedas, las NFT no tienen un valor equivalente en el mundo real. Si, por ejemplo, todo el mundo decidiera de un día para otro convertir todos sus NFT en dinero, ¿quién los compraría?

Tasas de gas

Debido a los precios de venta increíblemente altos que aparecen en los titulares, muchas personas se aventuran a comerciar con fichas digitales de coleccionista. Pero las cosas no siempre salen como se planean.

Robert Martin, un estratega de contenidos senior en Kapwing, una plataforma de marketing digital, experimentó con el comercio de NFT. Cuenta a Insider que el proceso de compra y venta no es tan sencillo como parece.

"Tiene un aire del Salvaje Oeste", dice Martin después de pagar una tasa de transacción de más de 200 dólares conocida como tasa de gas.

Ether (ETH), WAX y FLOW son las criptomonedas más utilizadas en las plataformas de negociación de NFT. Los usuarios que eligen Ethereum, la primera moneda digital, incurren en ciertos costes. Las denominadas tasas de gas son una tasa de transacción que cubre los costes de energía asociados al procesamiento y la validación de las transacciones de la cadena de bloques. Los precios del gas varían en función de la hora del día.

Martin, por ejemplo, pagó unos 30 dólares por un NFT en la plataforma de comercio Rarible utilizando la criptodivisa Ethereum. Incluso después de que un comprador pujara más de tres veces el precio original en 24 horas, acabó perdiendo más de 200 dólares en su token de recolección digital.

Aunque las tarifas de transacción varían según la plataforma de negociación, muchos sitios web populares cobran a los usuarios una tarifa de gas por procesar y validar una transacción en la cadena de bloques, así como un precio por vender y comprar una NFT.

Además, la mayoría de las plataformas requieren un monedero digital, por lo que los usuarios deben tener en cuenta las tasas de cambio de monedas digitales como el éter.

Martin se sorprendió cuando su cartera digital, Rainbow Wallet, le cobró casi 80 dólares por cambiar éter envuelto (WETH) por éter normal (ETH).

"Tenía que pagar para recibir WETH, pero no estaba claro si yo o el remitente debía pagar la tasa", explica Martin.

Martin, como nuevo usuario, no entendió inmediatamente en qué consistían las tasas de gas. Como resultado, la transacción le pareció un buen negocio; vendería una NFT en menos de un día por casi el triple del precio original. Sin embargo, los gastos adicionales acabaron siendo mayores que el precio de compra original.

Aunque el monedero digital de Martin tenía una descripción de las comisiones en la letra pequeña, habría sido útil que hubiera habido una advertencia o notificación sobre las comisiones antes de que hiciera la compra.

"Las tasas de gas pueden ser un riesgo para los nuevos usuarios", dijo Martin. "Se necesita mucha más información y orientación al respecto". Todo parece estar preparado para personas que ya están familiarizadas con el mundo de las criptomonedas".

Rodríguez-Fraile dijo que sabía que la obra de Beeple tendría algún día un gran valor, pero no tenía ni idea de que pasaría de 67 a 6,6 millones de dólares en cuestión de meses.

"No quería ser alguien que compra algo esperando obtener un beneficio rápido, pero tampoco me gusta perder dinero", dice Rodríguez-Fraile. "Recibí una oferta más alta por otra obra de Beeple, pero me la quedé por su importancia histórica". La única razón por la que vendí la obra 'Crossroads' fue porque pensé que podía dar un impulso importante al desarrollo del arte digital".

Cryptokitties y Ethereum

CryptoKitties, un juego construido sobre Ethereum que permite a los jugadores coleccionar, criar e intercambiar gatos virtuales, fue uno de los primeros proyectos de NFT que acaparó mucha atención.

Cada CryptoKitty puede tener una mezcla de características como la edad, la raza y el color. Como resultado, cada uno es único y no puede ser intercambiado por otro. También son indivisibles, lo que significa que un token de CryptoKitty no puede dividirse en partes divisibles (como el gwei del éter).

CryptoKitties ganó notoriedad después de sobrecargar la blockchain de Ethereum debido a la cantidad de actividad que generó en la red. El All-Time High (ATH) para el número de transacciones diarias en la blockchain de Ethereum todavía está en torno al pico de popularidad de CryptoKitties en febrero de 2020. Es obvio que el juego ha tenido un impacto significativo en la red Ethereum, pero también han influido otros factores, como el aumento de las Ofertas Iniciales de Monedas (ICO).

Puedes leer más sobre los futuros desarrollos de cryptokitties en el capítulo sobre la blockchain FLOW. La blockchain Flow ha sido creada por los desarrolladores de cryptokitties, debido a las deficiencias de la blockchain Ethereum

¿Dónde se pueden comprar los NFT?

Estos son nuestros 5 mejores mercados donde puedes comprar y vender tus productos digitales de NFT. Desde vídeos, imágenes GIF, tarjetas de intercambio y memes. Todo tipo de arte digital puede encontrar un nuevo dueño en estos mercados.

5. Enjin Marketplace: Un mercado de juegos

El mercado oficial para las NFT basadas en Enjin es el Enjin Marketplace. Los usuarios pueden comerciar fácil y rápidamente con fichas no fungibles a través del sitio web. Enjin también publicó uno de los primeros lugares de comercio para NFTs y es ampliamente considerado como el creador del estándar ERC-1155. Se necesitan tokens ENJ para comprar NFT. También necesitarás Ethereum para procesar las transacciones.

La plataforma Enjin está diseñada específicamente para los jugadores, con diversos artículos que pueden utilizarse en múltiples juegos.

El mercado de Enjin tiene un gran volumen de transacciones, cuenta con miles de artículos y tiene una interfaz web fácil de usar.

Según DappReview, hay más de mil millones de artículos ERC-1155 para los que ya se ha depositado más de un millón de dólares en ENJ.

4. Rarible: Gana tokens RARI comerciando con NFTs.

Los NFT pueden crearse y negociarse con Rarible. También está disponible RARI, el token de gobernanza de la plataforma.

Este token permite votar sobre cuestiones importantes. Los usuarios tienen la opción de conservar los NFT generados, regalarlos o venderlos y comprarlos en el mercado. Además, los usuarios de la plataforma Rarible recibirán tokens RARI como recompensa por comerciar con NFT.

3. SuperRare: El mercado de los artistas

SuperRare, como su nombre indica, se ocupa de arte extremadamente raro. Por ello, es un mercado NFT especializado en obras de arte digitales.

Con perfiles sociales, una aplicación móvil, subastas en directo y opciones de pago avanzadas, la plataforma se distingue de otros mercados de NFT.

2. Decentraland: Un mercado virtual

Decentraland se describe como un mundo virtual similar a Minecraft en el que se puede comerciar con NFT. Los usuarios también pueden adquirir parcelas únicas que pueden desarrollar libremente. En el mundo virtual también se puede jugar a una gran variedad de juegos.

Actualmente hay un especial de Halloween en el que se pueden ganar cajas con diversos artículos:

Los poseedores del token MANA pueden utilizarlo para pagar varias NFT en Decentraland. Además, MANA otorga a los usuarios derechos de gobierno en Decentraland. Esto permite a la comunidad votar sobre los contratos NFT permitidos, las reglas del mercado y otros procesos de Decentraland.

1. Opensea: Un mercado global para las transacciones no financieras

Hasta la fecha, Opensea es el mayor centro de comercio de NFT, que permite comerciar con todo tipo de NFT. Así, los usuarios de Opensea pueden comerciar, comprar y vender arte, artículos de juegos, objetos de colección, nombres de dominio, etc.

Todos los demás mercados palidecen en comparación con la amplitud de la oferta. Además, la plataforma incluye una serie de funciones de subasta y está totalmente integrada en la infraestructura de criptomonedas.

A pesar de ser el mayor mercado de NFT en el espacio de las criptomonedas, Opensea no tiene su propio token y actualmente sólo se utiliza como una interfaz de comercio para NFT. Las NFT de Decentraland, SuperRare y Enjin, por ejemplo, pueden negociarse en Opensea.

OpenSea

OpenSea es un mercado descentralizado de tokens no fungibles (NFT) para comprar, vender e intercambiar estos tokens únicos. Ellos mismos afirman ser la mayor plataforma de comercio de NFT. Por primera vez, se puede poseer un producto digital.

En el pasado, observamos que las obras de arte existentes, como las imágenes, pueden copiarse fácilmente, lo que significa que no hay más créditos para el artista efectivo. Con la tecnología blockchain, toda la información sobre estas NFT queda registrada para poder encontrar siempre al legítimo propietario en el código fuente.

Estos elementos digitales formaban parte de los datos de una empresa. Fijémonos en juegos populares como Fortnite. Puedes ir a cambiar el traje de tu avatar favorito, pero nunca será tuyo. Esto se debe a que hay reglas impuestas desde la junta central que determinan qué es posible en la plataforma y qué no.

A diferencia de las NFT, puedes ir a diseñar un conjunto que no pertenece a la plataforma, sino que es de tu propiedad. Una plataforma como OpenSea muestra inmediatamente la libertad que tiene todo el mundo para diseñar y comerciar con NFT. OpenSea cuenta con más de 14 millones de artículos listados y cada día se añaden más.

Antes de poder comerciar con NFTs en OpenSea, necesitas un monedero de Ethereum. Se trata de un monedero vinculado a los tokens ERC20 en la cadena de bloques de Ethereum. Puedes aprender más sobre la compra de NFTs con un monedero en el siguiente capítulo.

Cómo utilizar OpenSea

Hay muchos NFT en circulación en OpenSea, por lo que es importante que pueda navegar fácilmente. A través de la pestaña "Examinar" puede buscar artículos. Si conoce el nombre de la obra en particular, puede navegar directamente. Si no, puede utilizar las opciones de filtro.

Por ejemplo, puede elegir entre arte, pero también coleccionables o deportes, entre otros. Si elige un segmento de mercado aquí, verá inmediatamente los artículos de mayor colección y tendencia. Estos aparecen en la parte superior de los resultados de su búsqueda.

Activando filtros adicionales, puede elegir mostrar inmediatamente las NFT con el precio más alto, o los artículos que están a punto de caducar. ¿Sólo está dispuesto a comprar un artículo que esté en oferta? Hay varias opciones de filtrado para que todo el mundo pueda navegar fácilmente por la red.

La red también utiliza diferentes estados por elemento. En la parte superior, se puede filtrar entre los tipos de NFT por defecto, pero en la parte izquierda del menú se pueden elegir diferentes estados:

Comprar ahora

Estas son las obras que se ponen inmediatamente a la venta. Son obras que están disponibles desde hace tiempo y, obviamente, es el grupo más numeroso de NFT.

Nuevo

¿Busca las últimas NFT en la plataforma?

 A través del filtro "Nuevo" puede ver qué obras se han añadido recientemente a la plataforma.

A través de este filtro puedes ver si hay nuevas tendencias en el mundo de la NFT. Esto no sólo es útil para comprarlas, sino también para iniciarse como creador.

En subasta

También ocurre con más frecuencia que los artistas no opten por una venta típica, sino que decidan subastar su obra a través de una subasta. Ésta tiene una fecha fija de finalización. Cuando ésta ha pasado, la obra se vende al mejor postor. Para cada obra se puede ver cuál ha sido la puja más alta y quién la ha hecho.

Tiene ofertas

No todos los trabajos son interesantes y obtienen ofertas, eso sería demasiado bueno. Por lo tanto, puede optar por mostrar sólo los activos digitales que ya tienen ofertas. De esta manera no se desplaza interminablemente a través de nuevas obras que no son interesantes, pero que siguen volviendo.

Estos filtros no están separados, sino que pueden combinarse entre sí. Por ejemplo, puede filtrar los artículos nuevos que ya han tenido ofertas.

¿Por qué es interesante? Para saber cuál es la demanda, cuánta gente está interesada en una NFT o forma de arte concreta.

A continuación, puedes ponerte a trabajar en la creación de una NFT por ti mismo y ponerla a la venta en la plataforma. Por ejemplo, hemos visto en abril de 2021 que hay un interés creciente por el nuevo Polkamon.

¿Cómo se puede comprar o vender NFTS?

Para comprar, vender o crear una NFT necesitas una criptomoneda, un monedero y algunos otros pasos para empezar. Explicamos este proceso en 4 sencillos pasos a continuación, y esto debería ponerte en camino hacia tu primera propiedad de arte digital.

Paso 1: Hacer una cartera

Para crear y vender NFT, primero hay que obtener una criptodivisa. La cual, a su vez, sólo puede guardarse en un monedero digital (wallet). Esto significa que primero debe obtener el monedero. Hay varios proveedores para varias monedas. Sin embargo, dado que las principales plataformas de negociación suelen estar construidas sobre la blockchain de Ethereum, también necesitará la moneda correspondiente: ETH. En la página ethereum.org, puedes averiguar qué carteras son adecuadas para ello. Allí hay un útil buscador de carteras.

También puede consultar las principales plataformas de comercio para ver qué monederos son compatibles con el servicio. Los monederos, por cierto, sólo se utilizan para interactuar con su cuenta de criptomonedas. Por lo tanto, cambiar de proveedor es sencillo.

Ten en cuenta que cada blockchain tiene su propio conjunto de normas NFT. Es decir, si creas una obra de arte NFT en la blockchain de Ethereum, solo podrás venderla en plataformas que soporten Ethereum. Binance Smart Chain, Polkadot, Tron y Tezos son algunas alternativas a Ethereum. No es difícil ofrecer una NFT en múltiples blockchains.

Paso 2: Comprar criptodivisas

Ahora debe comprar la moneda apropiada después de decidir una moneda y un monedero. Esto suele hacerse directamente a través de la aplicación del monedero. Hay varios métodos de pago disponibles, dependiendo del proveedor. Este paso es necesario porque las plataformas de negociación cobran comisiones por la creación de NFT. Un presupuesto de unos 100 euros debería ser suficiente para empezar.

Paso 3: Conectar el monedero a un mercado NFT

El siguiente paso es seleccionar un centro de negociación para su planta de NFT. En la actualidad existe una amplia gama de proveedores en este ámbito. Rarible y OpenSea son dos de los más populares. Ambas plataformas disponen de la función Crear o Conectar Cartera. Allí debe seleccionar su monedero correspondiente, tras lo cual puede conectarse escaneando un código QR.

Paso 4: Establecer y vender o comprar NFTs

Ahora llegamos a la parte realmente divertida del tutorial: hacer NFTs. En teoría, el procedimiento es muy sencillo. En primer lugar, debes subir tu obra (imagen, canción o vídeo) al centro de intercambio adecuado en un formato de archivo apropiado si tienes algo que te gustaría vender. Rarible, por ejemplo, acepta los siguientes formatos de archivo: PNG, GIF, WEBP, MP4 o MP3.

A continuación, puede especificar los detalles de la venta. Así, no importa si se trata de una subasta o de una venta a precio fijo. También puedes establecer derechos de autor.

Esto significa que cada vez que se venda la obra de arte, usted recibirá un porcentaje del precio de venta. Cuando hayas terminado con las especificaciones, haz clic en " Crear " para subir tu obra de arte.

Ahora puede vender sus NFT. Sin embargo, no es necesario vender las NFT. También puedes hacerlas sin intención de venderlas y subirlas a tu galería online.

Las NFT, por cierto, no están vinculadas a la plataforma en la que se crean. La NFT se almacena en la cadena de bloques correspondiente y se puede acceder a ella a través de diversas plataformas.

Como ya explicamos un poco cómo utilizar la plataforma Opensea, aquí queremos explicar brevemente cómo puedes comprar NFTs en esta plataforma o crear un anuncio para vender las tuyas.

Comprar NFT en OpenSea

La compra es, por supuesto, también un aspecto importante con una plataforma de comercio como OpenSea.

La cuestión no es sólo por qué comprar una NFT, sino también cómo. En primer lugar, es obvio que tienes que asegurarte de que tu cartera está conectada y de que tienes suficiente capital para comprar una NFT, incluidos los gastos de gas y de transacción.

En la página de resumen se obtiene información detallada sobre la venta, pero también sobre el artista. De este modo, puede ver las obras que el artista ya ha realizado. ¿Es usted coleccionista? De esta manera puede comprar rápidamente varios artículos del mismo artista. En el ejemplo actual, se trata de un nuevo artículo que acaba de aparecer en la plataforma y que actualmente ha sido visto 13 veces.

Vemos que el artista quiere vender este artículo por 50 dólares. ¿Está dispuesto a comprarlo por el importe total? Si no, también puedes optar por hacer una puja informal.

En la parte inferior puedes ver un historial de operaciones en el que puedes ver si otros interesados han hecho una oferta y por cuánto.

Esto también le dará una idea de si el artista ha fijado un precio realista.

Cree su propia lista NFT

OpenSea no sólo quiere ser un mercado para las NFT, sino que también comparte conocimientos sobre cómo empezar a crear tus propios artículos.

En el menú de creación, puedes navegar repentinamente a "desarrollar con nosotros". Aquí Open Sea te ofrece numerosos tutoriales para empezar de forma sencilla. Por supuesto, también puede optar por crear su propia NFT por separado de estos manuales.

La ventaja es que no hay reglas sobre estos elementos. ¿Eliges hacer una versión animada de una imagen estática? ¿Prefieres crear una obra de arte abstracta y ofrecerla en la plataforma? Cada uno es libre de crear lo que quiera.

A continuación, también puede crear su NFT fuera de la plataforma y luego negociarla en OpenSea.

Cuando te conectas a tu monedero, por ejemplo MetaMask, puedes elegir en tu propio panel de control personal crear una nueva NFT o empezar a cargar una NFT ya creada.

Describa su obra de arte o su artículo y vaya a crearlo usted mismo. ¿Ha creado su NFT a través de otra plataforma o la ha creado usted mismo utilizando, por ejemplo, programas gráficos? Lo bueno es que realmente cualquier cosa puede ser una NFT. ¿Quieres hacer una obra infantilmente sencilla en Paint? Es posible que puedas venderla por una buena cantidad de dinero, siempre que haya interés.

Puedes subir tu NFT aquí desde tu ordenador y aparecerá inmediatamente en tu propio panel de control personal. Tu obra de arte digital está en tu ordenador y al subirla a OpenSea, la conviertes en una NFT.

Volviendo a recalcar aquí que no hay ninguna normativa para diseñar una NFT, eso es sólo la libertad que impera en la red descentralizada donde cada uno puede decidir lo que quiere crear y lo que quiere ofrecer y comerciar en la plataforma.

Mientras que algunas NFT se centran principalmente en casos de uso, pensemos en avatares únicos que pueden utilizarse en una plataforma de juegos, una NFT puede ser fácilmente una imagen estática que necesita imaginación para interpretar lo que representa.

¿Tiene usted una inclinación creativa y quiere empezar a diseñar y comerciar con NFTs usted mismo? Entonces OpenSea es una plataforma fácil de usar y eficaz. Puedes ver no sólo los artículos que se comercializan, sino también, y sobre todo, los avances que se producen en el mundo de las NFT.

Descubra los últimos artículos y liste su propia ficha única. Así que con todos estos conocimientos no debería ser demasiado difícil empezar tu primer comercio!

Los casos de uso de las NFT no hacen más que aumentar y evolucionar hasta el punto de que casi no existen limitaciones. Cada vez hay más posibilidades de integrar estos casos de uso en otra plataforma.

Hasta ahora es principalmente la industria del juego la que está ganando popularidad, pero también el arte, los coleccionables o la última tendencia: los Polkamons.

Seguramente habrá más cosas y variantes por venir, especialmente a medida que el sector siga evolucionando con la financiación descentralizada (DeFi). Más integración significa también más clases de activos de NFT y una ampliación de las posibilidades y el número de plataformas de integración.

Hay varios protocolos compitiendo por los NFT, pero un lugar centralizado como OpenSea para ofrecer y comerciar con NFT sólo ganará popularidad a medida que aumenten los casos de uso. Una de las ventajas es el alto grado de libertad en el que cualquiera puede ser un artista para crear una NFT.

Moneda Enjin

Ya hemos dado una breve explicación sobre la moneda Enjin y el mercado Enjin, como plataforma de juegos en nuestro top 5 de mercados para NFTs.

Así que, para resumirlo, antes de profundizar en Enjin; Enjin Coin es una plataforma de juegos blockchain centrada en la creación de coleccionables digitales que son realmente propiedad del usuario. El criptoproyecto ha estado en el radar de muchos desde 2019 ya que se han asociado con Samsung. Enjin lo hace a través de tokens ERC-1155, una versión mejorada de los tokens ERC20 y ERC721.

Enjin Coin es una criptomoneda para la industria del juego. El equipo quiere que esta sea la moneda que se utilice en todas partes dentro de la industria del juego.

Además de esta criptomoneda, también ofrecen una plataforma todo en uno para desarrollar tu propio juego, basada en la tecnología blockchain. Esta plataforma es gratuita y cualquiera puede utilizarla.

Actualmente, ya cuentan con más de 250.000 comunidades de juego conectadas y hay nada menos que 20 millones de jugadores registrados en la plataforma. Esto demuestra que Enjin es realmente un proyecto serio al que hay que prestar atención.

Enjin conecta los juegos

En muchos juegos, los jugadores pueden comprar cosas que hacen que su personaje mejore en el juego. Un ejemplo muy conocido de esto es el juego RuneScape, donde puedes, por ejemplo, comprar una espada para hacerte más fuerte. Estas espadas son exclusivas de este juego y, por tanto, no pueden utilizarse en otro juego como League of Legends.

Pero, qué bonito sería que pudieras cambiar tu espada por runas en League of Legends (este es un elemento de League of Legends que hace que tu personaje mejore). O si eres más fan de FIFA, podrías entregar tu espada a cambio de Cristiano Ronaldo en FIFA. La plataforma de Enjin pretende permitir la unión entre juegos. Lo hacen tokenizando los activos de un juego, en este caso la espada, las runas y Cristiano Ronaldo.

Convierte los objetos del juego en fichas
En muchos juegos, los jugadores pueden comprar cosas que hacen que su personaje mejore en el juego. Un ejemplo muy conocido de esto es el juego RuneScape, donde puedes, por ejemplo, comprar una espada para hacerte más fuerte. Estas espadas son exclusivas de este juego y, por tanto, no pueden utilizarse en otro juego como League of Legends.

Pero, qué bonito sería que pudieras cambiar tu espada por runas en League of Legends (este es un elemento de League of Legends que hace que tu personaje mejore). O si eres más fan de FIFA, podrías entregar tu espada a cambio de Cristiano Ronaldo en FIFA. La plataforma de Enjin pretende permitir la unión entre juegos. Lo hacen tokenizando los activos de un juego, en este caso la espada, las runas y Cristiano Ronaldo.

¿Qué posibilidades ofrece la moneda Enjin?

- **Mejora de los juegos existentes**
  Además de crear tus propios juegos, como desarrollador de juegos también puedes optar por actualizar un juego existente. Enjin ofrece kits de desarrollo de software (SDK) con los que puedes integrar la tecnología blockchain en juegos ya publicados.

  Esto puede reducir los costes y es una forma de combatir el fraude. En muchos juegos hay mucha "agricultura de oro", en la que los comerciantes ganan mucho dinero comerciando con el dinero del juego.
  Estos cultivadores de oro causan estragos en la economía del juego y los creadores no tienen ni idea de los flujos de dinero involucrados. Con la tecnología blockchain todas las transacciones son transparentes y todo el mundo puede ver cómo fluye el dinero.

- **Creación de juegos descentralizados**
  Dado que Enjin Coin se basa en la blockchain de
  Ethereum, se pueden utilizar contratos
  inteligentes para que los juegos funcionen de
  forma descentralizada. Esto significa que un
  juego funciona de forma completamente
  autónoma y todo se controla automáticamente
  mediante código de programación.

- **Estimular al jugador**
  En la plataforma de Enjin puedes crear tus
  propios tokens para tu juego. Como es tu juego,
  también puedes decidir qué función quieres
  darle al token. Un ejemplo de esto podría ser
  que para el juego de fútbol FIFA creas los
  llamados tokens FIFA. Usted establece de
  antemano que los ganadores de un partido de
  fútbol ganarán 100 fichas FIFA y que estas fichas
  representan un valor combinado de 1 euro. De
  este modo, creas un incentivo extra para tus
  jugadores y esto puede beneficiar a la
  jugabilidad.

- **Recompensar a los miembros de la comunidad**
  También puedes utilizar tus propios tokens para
  asegurar el crecimiento de tu comunidad de
  jugadores. Por ejemplo, puedes dar tokens a los
  miembros cuando lleven 30 días seguidos
  conectados o cuando hayan introducido nuevos
  miembros. Estos tokens también pueden

venderse por euros y, por tanto, representan un valor real.

Beneficios de Enjin Coin

1. **La tecnología Blockchain aporta seguridad y confianza al sector del juego.** Los juegos actuales son muy sofisticados y los jugadores quieren que sus datos estén debidamente protegidos. Blockchain es la tecnología perfecta para ello.

2. **Usted es realmente dueño de un activo de juego y también puede intercambiarlo por otros activos dentro de diferentes juegos.** Incluso puedes optar por crear tu propio objeto nuevo e insertarlo en el juego.

3. **Ofrecen un kit de desarrollo de software específico para desarrolladores de juegos.** Esto permite mejorar los juegos existentes y crear otros nuevos basados en la tecnología blockchain.

4. **Enjin ofrece una solución al fraude en los juegos.** A menudo hay estafadores que utilizan trucos ingeniosos para quedarse con el dinero del juego. Gracias a la seguridad y la transparencia de blockchain, esto es ahora mucho más difícil.

5. **Los activos del juego adquieren un valor real.** Gracias a la plataforma Enjin puedes intercambiar tus activos por dinero real o por activos de otros juegos.

6. **Puedes crear tus propios activos e introducirlos en el juego.** A continuación, puedes ganar dinero con estos activos.

7. **Los desarrolladores de juegos pueden crear su propio token y estimular a los jugadores y miembros de la comunidad.** Pueden fundir el token que pertenece al juego en Enjin Coins y venderlos por euros.

El Token de Enjin Coin: ENJ

La moneda Enjin se basa en la red de Ethereum y, por tanto, es un token ERC20. Esto también permite que la moneda se utilice para contratos inteligentes. Enjin es uno de los primeros proyectos en adoptar la red Raiden de Ethereum. Esta red es similar a la red Lightning de Bitcoin, pero para Ethereum. Esta red permite a la plataforma procesar más transacciones.

Distribución de la ficha

En noviembre de 2017, el equipo recaudó dinero a través de una Oferta Inicial de Monedas (ICO). Durante esta oferta de monedas, estaban deseosos de recaudar 25 millones de dólares y lograron alcanzar la marca de 23 millones. El 80% del número total de monedas se vendió durante esta ICO y el 20% restante se distribuyó entre el equipo, los asesores y los distintos programas de recompensas.

Monedero adecuado para el token

ENJ se puede almacenar en un monedero de hardware, así como en el intercambio. Esto se recomienda en la mayoría de los casos, ya que usted es dueño de la clave privada y, por lo tanto, es el verdadero propietario de las monedas. El monedero hardware más conocido en este momento es el Ledger Nano S.

Enjin también tiene su propio monedero de criptomonedas y también es compatible con Bitcoin,

Ethereum, Litecoin y tokens ERC20, ERC721 y ERC1155. Está disponible tanto para Android como para IOS.

¿Conseguirá Enjin Coin su propia cadena de bloques?
Actualmente, Enjin Coin se basa en la cadena de bloques de Ethereum. Por ahora, no hay planes para crear su propia blockchain. Tal vez trabajen en esto en el futuro, pero desafortunadamente debido a la falta de la hoja de ruta de 2021, no tenemos una opinión sobre esto por ahora.

Competidores
Los mayores competidores de Enjin Coin son GameCredits y WAX.
Sin embargo, según Enjin, hay una diferencia sustancial entre ambos. Su director de marketing, Elija Rolovic, dice que Enjin Coin es el "Ethereum de los juegos" y que sus competidores son simples juegos/mercados centralizados que casualmente llevan criptomonedas. Por lo que parece, existe una sana rivalidad.

Enjin Coin añade las ventajas de la cadena de bloques a la industria del juego, en constante expansión. Con una gran empresa existente detrás del proyecto y una ICO exitosa, los recursos financieros deberían ser buenos. Queda por ver si el equipo cumplirá sus planes. Es una pena que aún no hayan publicado una hoja de ruta para 2019. De este modo, no sabemos en qué están trabajando. Pero, un gigante de la tecnología como Samsung obviamente no hace negocios con cualquier empresa, así que es una señal muy positiva.

Flow Blockchain (FLOW)

Los NFTs han existido durante más tiempo del que crees. En los últimos meses, los tokens no fungibles han vuelto a ser tremendamente populares, pero este hype también estuvo presente en 2017-2018. Por aquel entonces, el juego de blockchain CryptoKitties era extremadamente popular.

Tan popular, de hecho, que la blockchain de Ethereum en la que se asentaba CryptoKitties ya no podía manejar el número de transacciones, con el resultado de que los costes de transacción aumentaron drásticamente.

Los desarrolladores de CryptoKitties no estaban satisfechos con el rendimiento de la blockchain de Ethereum y comenzaron a desarrollar su propia blockchain: Flow Blockchain (FLOW). Flow es una nueva blockchain construida para la próxima generación de aplicaciones, juegos y los activos digitales que los impulsan.

Flow es, por tanto, una blockchain orientada a lo que Ethereum no fue para las CriptoKitties en 2017-2018. La blockchain está diseñada para ser rápida, escalable, descentralizada y fácil de construir para los desarrolladores.

Así, Flow quiere convertirse en la cadena de bloques para que los desarrolladores creen aplicaciones, juegos y activos digitales. Flow Playground facilita al máximo esta tarea a los desarrolladores.

Hay cuatro pilares que diferencian a Flow de otras cadenas de bloques:

- Arquitectura única de blockchain con 4 roles - escalabilidad sin sharding.

- Los nodos colectores aumentan la eficiencia de la red.

- Los nodos de ejecución proporcionan velocidad y escalabilidad

- Los nodos de verificación garantizan la exactitud de los datos en la cadena de bloques

- Los nodos de consenso garantizan la descentralización

- Lenguaje de programación fácil de usar llamado Cadence

- Interfaz fácil de usar: las cuentas Flow facilitan el pago de las tarifas de las transacciones y la recuperación de las claves privadas perdidas de los usuarios

Desde entonces, Flow ha creado una impresionante comunidad de socios con colaboradores como la NBA, UFC y Ubisoft.

Descentralización (MANA).

El tercer proyecto prometedor de criptografía NFT es Decentraland (LAND & MANA). Decentraland es exactamente lo que se espera si se lee el nombre con atención: es un mundo de realidad virtual descentralizado impulsado por la blockchain de Ethereum.

Dentro de la plataforma Decentraland, los usuarios pueden crear, experimentar y generar ingresos con contenidos y aplicaciones. A grandes rasgos, es similar a Sims, Simcity y Second Life, pero con una clara diferencia: el mundo está descentralizado y se construye sobre la blockchain de Ethereum.

Decentraland tiene dos tokens: un token ERC-721 no fungible, llamado LAND, y un token ERC-20 "normal", llamado MANA, que se utiliza como criptomoneda en el juego. El mundo de Decentraland, el "Metaverso", está dividido en 90.601 piezas de LAND llamadas parcelas. Cada parcela tiene un tamaño de 16m por 16m.

El espacio virtual en 3D dentro de Decentraland se llama LAND. LAND se puede comprar como jugador con MANA. El blockchain de Ethereum lleva la cuenta de quién es dueño de cada trozo de TIERRA. Es importante saber que el mundo de Decentraland no puede hacerse más grande ni más pequeño.

Los propietarios de LAND poseen, por tanto, un trozo de propiedad virtual en forma de Token no fungible. En este pedazo de tierra dentro del mundo virtual de Decentraland, los propietarios pueden hacer y hacer lo que quieran: son los dueños de ese pedazo de tierra.

Así, los propietarios de LAND pueden empezar a construir su propio trozo de mundo virtual. Mediante los kits de desarrollo de software de Decentraland, los propietarios de LAND pueden construir fácilmente cosas como escenas 3D estáticas, pero también aplicaciones y juegos interactivos.

Lo que también ocurre a menudo es que el arte digital en forma de NFT se coloca en un trozo de TIERRA. Los jugadores pueden entonces comprar este arte digital con MANA.

El Metaverso, como se ha mencionado anteriormente, sólo consta de unos 90000 trozos de TIERRA. Esto crea escasez y hace que el precio de un trozo de TIERRA suba, al igual que es más caro vivir en Nueva York que en Ohio.

En el Mercado de Decentraland puedes ver y comprar los trozos de tierra virtuales. En este momento el terreno más barato está a la venta por 9440 MANA. Convertido a dólares eso equivaldría a unos 4000 dólares.

Además del TIERRA, los jugadores también pueden comprar o ganar objetos de colección, como un traje, participando en eventos especiales. Estos objetos del juego también son tokenizados, lo que significa que hay una ficha adjunta. En este caso, se trata de fichas no fungibles.

Por último, lo que hace único a Decentraland es su DAO. DAO significa Organización Autónoma Descentralizada. Una DAO puede ser vista como un gobierno que opera sobre la base de contratos inteligentes. A través de la DAO, el usuario tiene control sobre las políticas que se ponen en marcha para determinar cómo se comporta el mundo.

Por ejemplo, deciden qué tipos de artículos portátiles están permitidos y se ocupan de la moderación de contenidos, las políticas de LAND y las subastas. Todos los participantes de la red Decentraland pueden votar con su cartera de Ethereum. El poder de impacto de su voto depende de la cantidad de MANA y de LAND que posea.

En definitiva, Decentraland es un criptoproyecto NFT porque no se trata principalmente de objetos de colección o de arte digital, sino de bienes inmuebles digitales en forma de un Token no fungible. El criptoproyecto existe desde hace varios años, pero a día de hoy está en plena reconstrucción.

Worldwide Asset eXchange (WAX)

De los bienes inmuebles digitales en forma de NFT, pasamos ahora a un mercado de NFT. El Worldwide Asset eXchange, conocido como WAX, se autodenomina la forma más segura y cómoda de crear, comprar, vender e intercambiar artículos virtuales, para cualquier persona y en cualquier lugar del mundo. WAX ha construido una plataforma centrada en la creación de transacciones eficientes utilizando la tecnología blockchain.

WAX centra sus esfuerzos en hacer que las transacciones en su red sean lo más fluidas, eficaces y seguras posible.

La industria del juego es enorme. En todo el mundo, 500 millones de jugadores venden cada año artículos del juego por valor de 50.000 millones de dólares. WAX es un mercado de activos digitales y da servicio a más de 400 millones de jugadores online que venden, compran y coleccionan objetos del juego.

Así que se puede comparar con un Bol.com o un Amazon centrado en el mercado de tokens no fungibles. WAX proporciona transacciones rápidas y fluidas utilizando un algoritmo de consenso de Prueba de Participación Delegada. Lea más sobre el algoritmo de consenso Proof Of Stake delegado aquí.

El ecosistema WAX se centra en la industria del juego y los objetos digitales de colección. A través de la red WAX, los usuarios son realmente dueños de sus objetos digitales coleccionables o de los artículos del juego. Así que, a grandes rasgos, es similar a Enjin Coin. Lo que hace único a WAX es su kit de creación de NFT, que facilita a los desarrolladores la tokenización de productos en forma de Token no fungible.

Además, el equipo de WAX está formado por empleados con años de experiencia en la industria del juego. De hecho, WAX fue fundada por OPSkins. OPSkins era el mayor mercado del mundo para comprar y vender artículos digitales de forma segura.

La plataforma WAX ya está en pleno uso. Por ejemplo, Deadmou5, un productor de house y dubstep, ha vendido sus NFT en la plataforma criptográfica NFT.

La caja de arena (SAND)

Un criptoproyecto de NFT que compite con Decentraland es The Sandbox (SAND). The Sandbox, al igual que Decentraland, es un mundo virtual en el que los jugadores pueden construir, poseer y ganar dinero con cosas en la blockchain de Ethereum utilizando SAND, la criptomoneda de la plataforma. Sandbox se distingue de Decentraland con un mundo muy similar a Minecraft y Roblox.

Dado que el juego se ejecuta en la blockchain de Ethereum y que todos los objetos del juego se pueden tokenizar en forma de NFT, el juego permite a los usuarios tener la propiedad real de sus creaciones. Además, los jugadores son recompensados por su participación en la criptomoneda intercambiable ERC-20 del mundo de The Sandbox, llamada SAND.

El juego está aún en desarrollo y se espera que llegue en algún momento de este año.

En el mercado actual de los juegos, el contenido creado por los jugadores sigue siendo propiedad de los desarrolladores del juego, y no de los jugadores que construyeron el contenido en el juego. Si alguien construye un mundo gigantesco y súper interactivo en Minecraft sigue sin ser el dueño de ese mundo, es el desarrollador del juego.

Además, el control centralizado sobre el comercio de los objetos del juego realizados por los jugadores limita el valor real de sus creaciones. Además, puede ser difícil demostrar la propiedad de las creaciones: no hay pruebas reales de que hayas sido el primero en construir un mundo así en Minecraft.

El Cajón de Arena quiere poner fin a esto mediante la tokenización de todos los objetos del juego en forma de fichas no fungibles (NFT). El ecosistema del Cajón de Arena consta de 3 elementos.

Editor de vóxeles

El Editor Voxel es un programa de modelado 3D fácil de usar que permite a los jugadores crear objetos 3D en el juego, como marionetas, animales, plantas, edificios y herramientas. Estos objetos 3D, una vez construidos, se convierten en una ficha no fungible llamada ACTIVO. Estos ACTIVOS pueden comprarse y venderse en el Mercado de El Cajón de Arena.

Mercado

En The Sandbox Marketplace, los usuarios pueden subir, publicar y vender sus creaciones (ASSETS) como NFTs (tanto ERC-721 como ERC-1155 crypto tokens). También pueden ver y comprar los ASSETS de otros jugadores aquí.

Modo Game Maker

La última parte, y también la más importante, del ecosistema de The Sandbox es el propio juego. De forma similar a Decentraland, el espacio virtual en el mundo de The Sandbox está dividido en fichas no fungibles ERC-721 llamadas LAND. A través del modo Game Maker, los usuarios pueden "arrastrar" fácilmente sus ACTIVOS al mundo cuando tienen un trozo de TIERRA. Esto permite a los jugadores decorar y personalizar su propio terreno como mejor les parezca.

Mediante el uso de NFTs, los usuarios de Sandbox tendrán acceso a ciertos beneficios como:

- Propiedad digital real de las posesiones del juego.

- Seguridad e inamovilidad de las posesiones en el juego.

- Comercio entre posesiones digitales sin intermediario.

- Interoperabilidad entre diferentes juegos: Los ACTIVOS, los TERRENOS y otros elementos del juego pueden utilizarse en otros juegos.

La criptomoneda SAND es el centro de atención de The Sandbox. Al igual que en Decentraland, el token SAND puede utilizarse para votar a través de la DAO. Además, los titulares de SAND también pueden apostar sus SAND para generar ingresos pasivos.

Splyt: Combinación de comercio electrónico y NFT

Splyt es una infraestructura NFT para impulsar los mercados financieros y de comercio electrónico descentralizados. Su mayor fortaleza es su enfoque en las plataformas de comercio electrónico. El proyecto toma el bombo de la NFT actual y lo convierte en un caso de uso real.

Mientras que muchos proyectos utilizan los NFT sólo como objetos de colección, Splyt da a cada NFT una función dentro de una cadena de suministro.

¿Cómo? El núcleo del proyecto es bastante sencillo. Cada artículo del inventario de una tienda online se marca con su propio NFT, o eNFT como le gusta llamarlo a Splyt. De este modo, el protocolo crea un sistema de comercio electrónico mejor y más eficiente que ayuda a los compradores, vendedores y mercados a ahorrar tiempo y dinero automatizando funciones intermediarias clave.

Al subir todo su inventario al ecosistema Splyt, cada vendedor puede animar a otros a vender sus productos y pagarles automáticamente una comisión por hacerlo.

Cualquiera puede crear una tienda online Shopify - Powered by Splyt y empezar a vender los productos disponibles en el sistema Splyt.

Conectarse a Splyt no sólo tiene ventajas en la gestión de la cadena de suministro, sino que aumenta enormemente el alcance de los vendedores. Y ese es, en última instancia, el aspecto más importante del comercio electrónico: llegar al cliente.

Cada artículo puede rastrearse fácilmente hasta su origen y a través de cada paso de la cadena de suministro, mostrando al cliente un proceso abierto y transparente.

La tecnología blockchain que hay detrás verifica cada paso del proceso y crea una cadena de eventos no modificable.

Esto permite a cada cliente saber cuándo, dónde y cómo se ha creado el producto y, en última instancia, ha llegado a su casa. Esta pieza de transparencia es algo que actualmente no está muy extendido.

Las empresas que utilizan el sistema de base de datos eNTF tienen las siguientes ventajas:

- Conocimiento constante de las existencias tanto en los almacenes como en la carretera

- Actitud abierta y transparente hacia los clientes

- Racionalización de las ventas de los afiliados mediante la verificación de cada paso de la cadena de suministro

- El dropshipping es más transparente y eficiente

El único problema para las marcas que permiten a terceros redistribuir su producto es el hecho de que los precios están muy inflados y las tiendas de dropshipping suelen tener un mal servicio al cliente.

Las marcas parecerán defectuosas cuando la tienda de dropshipping experimente problemas, que se eliminarán utilizando el protocolo Splyt.

La marca real puede probar su parte de la cadena de suministro, y confirmar que la tienda de dropshipping es responsable de la pieza final de la entrega del producto.

Las funciones del protocolo Splyt

Dado que Splyt se basa en Polkadot, puede disfrutar de las rápidas transacciones, las tasas de transacción casi nulas y el procesamiento instantáneo del ecosistema Polkadot. La tecnología subyacente que utiliza Splyt es bastante compleja, y se describe en detalle en su documento técnico. Sin embargo, nos gustaría tocar brevemente cada una de las características del protocolo Splyt para obtener una comprensión más amplia de la misión y las ambiciones de la empresa;

Gestión global del inventario: Con la creación de un NFT único por artículo, los vendedores conocerán su verdadero inventario en todo momento. Al trasladarlo todo a la blockchain, el inventario se verifica constantemente y se hace atemporal.

Pagos instantáneos a los afiliados: Después de una venta exitosa del inventario global, las ventas de los afiliados recibirán pagos instantáneos. En la forma tradicional de ventas de afiliados, estos pagos toman largos períodos de transacción debido a problemas de verificación. A través de la tecnología blockchain, las ventas pueden ser verificadas al instante y los pagos ocurren instantáneamente.

Sistema de reputación universal: Todo lo que ocurre en una blockchain se queda ahí para siempre. Así, cualquier tienda online que utilice el protocolo Splyt obtendrá cierta reputación con el tiempo. Esto aumenta el orden de si gestionan los pedidos correctamente, evitan las disputas y, en general, cuidan bien de los clientes.

Gestión de disputas: Cualquier disputa que surja entre el cliente y el vendedor, o entre el vendedor y el afiliado, puede agilizarse utilizando el protocolo Splyt. Como cada paso es auditable, se eliminan las confusiones y las disputas pueden resolverse antes de que se produzcan.

Activos DeFi del mundo real: El inventario tokenizado puede utilizarse como garantía para la financiación descentralizada fuera de la cadena. El equipo de Splyt compartirá la mecánica exacta de esta función más adelante.

Análisis del mercado: Todo lo que ocurre en las tiendas online de un vendedor se verifica en la cadena de bloques, por lo que los análisis en la cadena pueden ayudar a los vendedores a maximizar las ventas con conocimientos inteligentes.

El protocolo Splyt también ofrece la función Real World DeFi Assets, una característica innovadora que puede ser uno de los componentes más importantes para hacer de Splyt la potencia que merece ser. La liquidez es muy importante para las marcas emergentes y a menudo no tienen el acceso al capital que necesitan.

Splyt ofrece préstamos con garantía, lo que puede ser un servicio muy importante para estas marcas emergentes.

Estas marcas pueden pedir préstamos al ecosistema Splyt y poner su inventario como garantía, que se guarda en instalaciones de almacenamiento centralizadas.

Los productos siguen estando disponibles para su venta en línea y el prestatario devuelve la cantidad prestada. Si el prestatario incumple el acuerdo, Splyt puede liquidar el inventario mediante una venta Flash y cerrar el acuerdo de préstamo.

La ampliación del inventario de la garantía minimiza el riesgo, el libro blanco cita un ejemplo de un préstamo de 10.000 dólares sobre 40.000 dólares de inventario. Esto varía de un caso a otro y se determina en función de los datos recogidos en el mercado.

Las características que hemos enumerado anteriormente, muestran la singularidad y la complejidad del protocolo Splyt.

Aunque su protocolo es diverso, el proyecto eligió una dirección clara al escoger un mercado selecto en lugar de tratar de ser un "comodín" como muchos otros proyectos.

El token $Shop

El corazón del protocolo es el token SHOP. El token ha cobrado vida para crear incentivos para vendedores, clientes y personas ajenas a la empresa para mantener y hacer crecer continuamente el ecosistema Splyt.

Cualquiera que posea fichas de SHOP puede obtener recompensas y tener derecho a voto para decidir cómo sigue evolucionando el ecosistema.

Hay cuatro funciones principales del token Shopx:

- Dando a los usuarios acceso a Splyt Core y permitiendo así a los individuos comprar y vender inventario en la blockchain de inventario global.

- Disuadir de comportamientos malintencionados como el envío de spam a la red, la estafa a otros miembros del ecosistema o la no participación en comportamientos del mundo real que reflejen los acuerdos de la cadena.

- Animar a los minoristas participantes a agrupar el inventario de forma redundante en los sistemas de comercio electrónico heredados, reduciendo las barreras que permiten a las empresas oligopólicas prosperar en el régimen de comercio electrónico actual.

- Compensar a las personas, como los árbitros y los validadores de listas, que ayudan a garantizar la integridad del ecosistema Splyt Core en un entorno de base.

Además, los poseedores de tokens SHOP podrán desplegar sus tokens de diversas maneras, tanto a corto como a largo plazo, de forma bloqueada y flexible.

Asociaciones Splyt

Hoy en día, lo único que importa para el éxito de un proyecto es la tecnología, el equipo y las asociaciones. Splyt no está en ninguna parte si la gente no utiliza su producto.

A diferencia de lo que ocurría hace años, cuando un proyecto como Splyt anunciaba su proyecto sin ningún tipo de asociación, ahora Splyt ha superado eso de manera importante. Nos gustaría mencionar cuatro asociaciones en particular.

Casa de los Reyes Magos

Maison Du es la asociación que más valor añade a la propuesta de Splyt. A través de Maison Du, una plataforma de comercio electrónico para el mercado del lujo, el primer caso de uso de Splyt será el despliegue real de su producto.

Maison Du no es una tienda más de dropshipping, sino que es un actor importante en el mundo del comercio minorista online. Con más de 700 marcas, más de 1.100 sucursales y más de 1.000 transacciones de testnet, Maison Du está preparada para empezar a utilizar el producto de Splyt a gran escala inmediatamente.

Master Ventures

A principios de febrero, Master Ventures anunció oficialmente su asociación con Splyt.

La mayor parte de la asociación consiste en hacer nacer Splyt y llevarlo a las masas.

En los últimos meses, se puede decir que Master Ventures ha tenido bastante éxito en conseguirlo. Las ventas privadas han superado en más de 100 veces el número de solicitudes, por lo que existe una gran demanda y un gran interés por el proyecto.

Además, fue Master Ventures quien estableció la conexión con el siguiente socio.

Red de pago

¿Qué es lanzar un proyecto sin una plataforma de lanzamiento decente? Splyt se asoció con Paid Network para acoger su venta pública en la plataforma Ignition.

Últimamente, Paid ha estado en toda la industria con docenas de asociaciones, y mucho amor por su comunidad.

Con una comunidad formada por miles de miembros, Splyt está ahora en el punto de mira.

Bridge Mutual

En su más reciente asociación con Bridge Mutual, una plataforma descentralizada de cobertura de riesgos discrecionales, Splyt integrará la aplicación de cobertura de riesgos de Bridge Mutual en su interfaz.

Como se indica en su artículo de anuncio, esto se hace mediante la fusión de su widget en la plataforma Splyt para proporcionar una experiencia sin fisuras para nuestros usuarios, asegurando la capacidad de comprar la cobertura de sus intercambios sin preocupaciones.

Splyt comenzó su andadura en 2016, cuando dos fundadores se conocieron y alinearon sus visiones. En 2017, los dos comenzaron a crear los primeros contratos inteligentes y luego siguieron años de desarrollo. En la actualidad, existe una red de prueba que está lista para empezar a moverse y aceptar usuarios. Su red principal aparecerá en el primer trimestre de 2021.

Mirando más adelante, la hoja de ruta actual de Splyt no es muy detallada y grande, pero cubre el camino para el próximo año. Además, los elementos enumerados en la hoja de ruta de Splyt son hitos importantes que no se pueden ignorar como la integración con Polkadot, la integración tanto con Shopify como con WooCommerce y mucho más en el horizonte.

El futuro parece brillante, pero todo se reduce a encontrar los socios adecuados para utilizar el producto.

Splyt es un nuevo proyecto con la ambición de remodelar el comercio electrónico mediante la introducción de NFTs, utilizando la tecnología blockchain y haciendo que todo el proceso sea más fluido.

La visión es ambiciosa, pero todo se reducirá a la ejecución correcta para ver si pueden lograr sus ambiciones. El comercio electrónico es una tendencia creciente desde hace años que está abierta a la adaptación de nuevas tecnologías, pero la tecnología blockchain aún no se ha fusionado con esta industria.

Si Splyt consigue asociarse con las empresas adecuadas, ganar suficiente tracción y normalizar el uso de las NFT, podríamos ver potencialmente a Splyt manejar millones de transacciones, alcanzando una gran capitalización de mercado. Un paso clave en este proceso es su migración a la Polkadot Blockchain.

Esto mejorará la velocidad de las transacciones y reducirá el coste de las mismas, ya que la Blockchain de Ethereum es actualmente mucho más lenta que Polkadot.

Polkadot (DOT)

Polkadot fue iniciado por el Dr. Gavin Wood, cofundador de Ethereum e inventor de Solidity, el lenguaje de programación de contratos inteligentes en la blockchain de Ethereum. Wood estaba frustrado con el ritmo de progreso de Ethereum 2.0, así que creó la Fundación Web3 junto con Robert Habermeier y Peter Czaban.

Polkadot fue fundado posteriormente por la Fundación Web3. A finales de 2017, la Fundación Web3 llevó a cabo una ICO basada en el Polkadot Whitepaper. Con los ingresos de esta ICO, la Fundación Web3 se puso entonces a trabajar. A mediados de 2019, la Fundación Web3 lanzó la red de prueba final de Polkadot, llamada Kusama.

Durante el período de la red de prueba de Kusama, se probaron elementos clave de Polkadot, como la fragmentación y la huelga. En mayo de 2020, se lanzó el primer bloque de Polkadot blockchain; el bloque génesis.

Polkadot es un protocolo de código abierto de sharding-multichain que permite la transferencia entre cadenas de datos o tipos de activos, así que no sólo tokens, haciendo una amplia gama de blockchains interoperables entre sí.

Es un bocado técnico, pero Polkadot se distingue principalmente por su mecanismo único de fragmentación, pero sobre todo por permitir que diferentes blockchains (cadenas cruzadas) interoperen entre sí sin problemas: interoperabilidad.

Esta interoperabilidad descentralizada entre diferentes blockchains ayuda a dar forma a la visión de Polkadot.

Cómo funciona la interoperabilidad de Polkadot

La principal característica distintiva de Polkadot es la interoperabilidad entre cadenas. Con esta interoperabilidad, Polkadot quiere establecer una red completamente descentralizada y privada, controlada por sus usuarios.

Con esta red, Polkadot quiere facilitar la creación de nuevas aplicaciones y servicios. El protocolo de la red lo hace conectando blockchains públicas y privadas, oráculos y tecnologías futuras.

Estas blockchains independientes se llaman "parachains". Hablaremos de esto más adelante. Esto permite que estas blockchains independientes compartan información y transacciones de forma fiable en el núcleo de la blockchain de Polkadot; la cadena de relevo. De nuevo, entraremos en esto con más detalle más adelante.

Esto hace posible construir aplicaciones con datos aprobados de una blockchain privada y utilizarlos en una blockchain pública.

Por ejemplo, los datos académicos privados y aprobados de una escuela pueden enviar un certificado de aprobación a un contrato inteligente para la verificación del diploma en una blockchain pública.

Paso de mensajes entre cadenas: el protocolo XCMP

En el futuro, Polkadot quiere proporcionar una mayor interoperabilidad entre las cadenas de bloques de los diferentes parachains a través del paso de mensajes entre cadenas (XCMP). Esto permitirá que las cadenas de bloques independientes, parachains, se conecten entre sí. XCMP está actualmente en desarrollo y los detalles están sujetos a cambios. A través de XCMP, los contratos inteligentes de una parachain podrían activar un contacto inteligente de otra parachain.

La escalabilidad de Polkadot

El problema número uno de Bitcoin y las criptomonedas en general es la escalabilidad. Muchas cadenas de bloques se ven afectadas por la lentitud de las transacciones y los elevados costes de las mismas.

Por ejemplo, los costes de transacción en la blockchain de Ethereum son actualmente increíblemente altos debido a que la blockchain de Ethereum es utilizada por la mayoría del sector DeFi.

Polkadot fue concebido como una solución a la escalabilidad de blockchains como Ethereum, cuyo rendimiento de las transacciones está muy limitado por la necesidad de que cada nodo valide cada transacción.

Polkadot utiliza la fragmentación. La fragmentación es una técnica en la que no todos los nodos necesitan verificar cada transacción. De hecho, las transacciones se distribuyen entre múltiples partes de la red, llamadas shards.

Estos fragmentos, por otra parte, se conocen como parachains en Polkadot. Polkadot resuelve el problema de la escalabilidad con una arquitectura de cadena de bloques única en su género.

Cadena de relés y paracaídas

La Cadena de Relés es el componente más significativo y central de la arquitectura de Polkadot. La Cadena de Retransmisión conecta todas las diferentes cadenas de bloques o fragmentos de la red Polkadot. La Cadena de Retransmisión proporciona un consenso mutuo (acuerdo) entre las distintas cadenas de bloques, conocidas como parachains, así como la ya mencionada interoperabilidad entre cadenas.

En la Cadena de Retransmisión, los dos validadores de Polkadot estacan los tokens DOT y verifican para la Cadena de Retransmisión. La Cadena de Retransmisión sólo tiene unas pocas responsabilidades, como la comunicación con el sistema de gobierno, las subastas de parachain y la participación en el mecanismo de consenso. Dentro de un momento, lo repasaremos con mayor profundidad.

El aspecto más crítico de la cadena de relevo es que garantiza que las transacciones de todas las parachains de la red puedan ser gestionadas de forma segura al mismo tiempo. La escalabilidad de la red mejoraría gracias a ello. Otras tareas se asignan a las parachains, cada una de las cuales tiene su propia implementación y características.

Las blockchains individuales que pueden proporcionar sus propios tokens y adaptar sus características para casos de uso particulares se denominan parachains. La cadena de relevo conecta todas las parachains entre sí. Las parachains, por su parte, pueden adaptarse a una aplicación específica.

Esto significa que los equipos que utilizan una paracadena tienen más funcionalidad, rendimiento y protección que si utilizaran su propia blockchain general. Además, al utilizar Substrate, una plataforma para crear blockchains en Polkadot, los equipos o las empresas pueden reducir drásticamente el tiempo que se tarda en crear una blockchain.

Los validadores unidos a la Cadena de Retransmisión verifican los datos de la Parachain. También vale la pena mencionar que la Cadena de Relés no puede estar vinculada a un número infinito de parachains.

Polkadot sólo financia un pequeño número de parachains, que se calcula que son unos 100 por el momento.

Polkadot utiliza subastas de ranuras de parachain, o subastas para abreviar, ya que el número de ranuras es pequeño. Las subastas en el parachain son sólo eso: subastas.

Los postores de Parachains participarán en la subasta indicando su ubicación preferida en la cadena de relevo, así como la cantidad de tokens DOT que están dispuestos a pagar.

Los licitadores de Parachains pueden hacerlo de su bolsillo o utilizar la función de crowdloan para recaudar DOT de la comunidad.

Puentes de Polkadot

Como se ha indicado anteriormente, la interoperabilidad y la transferencia de datos entre cadenas son características importantes de la cadena de bloques Polkadot. La transferencia entre cadenas se refiere a la transferencia de datos entre diferentes cadenas de bloques independientes.

Esta propiedad de las cadenas cruzadas se crea, entre otras cosas, por los llamados puentes. Los puentes, o blockchain bridges, son formas en las que dos blockchains independientes y tecnológicamente diferentes pueden comunicarse entre sí.

Por ejemplo, la blockchain de Bitcoin o la blockchain de Ethereum pueden conectarse a la red Polkadot mediante un puente.

El algoritmo de consenso de Polkadot
Con las monedas blockchain, es importante que todos los datos de la cadena de bloques sean acordados por todos los miembros de la red (nodos). En otras palabras, todos los participantes de la red deben estar de acuerdo en que la información de la cadena de bloques es exacta.

Para ello se utiliza el algoritmo de consenso. Puede encontrar más información sobre los algoritmos de consenso aquí. Polkadot emplea un algoritmo de consenso único conocido como Nominated Proof of Stake (NPoS). Es una variante del sistema Proof of Stake.

Nominadores
La cadena de relevo está asegurada por los nominadores que seleccionan validadores de confianza y apuestan por DOT. Puedes convertirte en nominador si eres un usuario y poseedor de tokens DOT que quiere

ganar más DOT golpeando pero no quieres asumir la carga de gestionar un nodo que debe estar en línea las 24 horas del día, los 7 días de la semana.

Validadores

Los validadores protegen la cadena de retransmisión apostando por el DOT, validando los certificados de bloque de los recopiladores y colaborando con otros validadores para llegar a un consenso. El dispositivo de Polkadot selecciona los validadores unas cuantas veces al día. En las próximas horas, esos validadores desempeñarán un papel crítico en protocolos altamente sensibles como la creación de bloques.

Intercaladores

Los colectores mantienen un nodo completo de una Parachain específica. Esto significa que conservan toda la información necesaria para escribir nuevos bloques y realizar transacciones. En circunstancias normales, recopilarán y ejecutarán transacciones para crear un bloque no sellado y lo proporcionarán, junto con una prueba de transición de estado, a los validadores responsables de proponer un bloque Parachain.

Como son nodos de pleno derecho, cada Collator se conoce como pares. Esto hace posible que envíen mensajes del parachain A al parachain B; interoperabilidad.

Pescadores

Los pescadores se añadirán a la red Polkadot en el futuro, pero actualmente no son accesibles. El deber de los pescadores es vigilar a los colectores. Por ello, siguen el proceso de creación de nuevos bloques y transacciones para garantizar que no se incluyan cambios de estado no válidos.

El gobierno de Polkadot

Polkadot (DOT) destaca aún más en cuanto a cómo se organiza su gobierno, o gobernanza. El gobierno de una criptomoneda se ocupa de su futuro: cualquier mejora y modificación de la red.

La actualización de un blockchain en otras criptomonedas suele ser un método complicado y que requiere mucho tiempo. En realidad, un llamado hard fork es frecuentemente el producto de una actualización.

Un hard fork puede tardar meses en completarse e incluso puede provocar la desintegración de una comunidad de criptomonedas. El hard fork de Bitcoin Cash es un ejemplo de ello (BCH). Una parte importante del grupo de Bitcoin Cash formaba originalmente parte de la comunidad de Bitcoin, pero se marchó debido a una disputa sobre el tamaño de los bloques de Bitcoin.

Polkadot adopta un enfoque diferente al aplicar un modelo de gobernanza abierto y descentralizado que da poder a los usuarios. Polkadot lo denomina "gobierno de la red impulsado por el usuario" o "gestión de la red impulsada por el usuario". La gobernanza de Polkadot está formada por todos los interesados que quieran formar parte de ella.

Al votar en los referendos con el token DOT, estas partes interesadas participarán en la gobernanza. Los referendos son sistemas de votación básicos basados en tokens DOT que han sido apostados. Cada referéndum tiene una propuesta distinta. Los referendos pueden iniciarse de varias maneras:

- Propuestas presentadas públicamente por la comunidad de Polkadot.
- Propuestas presentadas por el Consejo.
- Propuestas presentadas en el marco de la determinación de un referéndum anterior.
- Propuestas de emergencia presentadas por el Comité Técnico y aprobadas por el Consejo.

El sistema de gobernanza de Polkadot está formado por los miembros del Consejo, el Comité Técnico y todas las partes interesadas que votan con los tokens DOT que han sido descatalogados.

Con sus tokens DOT descontinuados, los poseedores de tokens DOT votarán en referendos y harán propuestas de referendos públicos.

El Consejo está formado por miembros elegidos por los titulares de los DOT. Los referendos y votaciones a favor o en contra de las medidas de emergencia son propuestos por el Consejo.

A diferencia del Consejo, el Comité Técnico es seleccionado por el Consejo sobre la base de una especificación formal del Protocolo Polkadot y no por votación.

En colaboración con el Consejo, el Comité Técnico redactará referendos de emergencia que puedan ser votados y aprobados rápidamente. Estos números de emergencia sólo se utilizarán en caso de emergencia de la red Polkadot.

La ficha DOT

Tokenomics es el estudio de cómo funcionan los tokens dentro de un ecosistema más amplio de criptomonedas. En el caso de Polkadot, ese token es el token DOT. El ecosistema de Polkadot incluye el token DOT en una variedad de lugares, incluyendo la gobernanza y la huelga.

Gobernanza del DOT

Como se ha mencionado anteriormente, la primera característica de DOT es conceder a los titulares de DOT la capacidad de supervisar la gobernanza de la plataforma. El sistema de gobierno es responsable de decidir las tarifas de la red (costes de negociación), añadir o eliminar parachains, y eventos especiales como las actualizaciones y reparaciones de la red Polkadot. Polkadot requiere que alguien con un DOT participe en el gobierno.

DOT Stakes.

El DOT también se utiliza en el sistema de consenso de Polkadot: Nominated Proof of Stake, además del mecanismo de gobierno (NPoS). Las huelgas existen para mantener la red Polkadot en funcionamiento y para permitir que las transacciones legítimas tengan lugar sobre parachains.

Los titulares de DOTs golpean (despliegan) sus DOTs a cambio de una recompensa. Por otro lado, si los miembros malintencionados de la red no obedecen las reglas, serán sancionados. Se les revoca la participación (despliegue).

Polkadot está en camino de completar su plan. La red todavía utilizaba Proof of Authority en el momento del lanzamiento de la criptomoneda, pero ya lleva un tiempo funcionando con éxito con el algoritmo de consenso NPoS.

Polkadot, por su parte, está lejos de haber terminado. En el momento de redactar este artículo, la criptomoneda sólo consta de la Cadena de Relés, el corazón de la red.

En las redes de prueba de parachain, la funcionalidad de parachain se está desplegando actualmente para probar y corregir errores. Las primeras subastas de parachain, en las que se seleccionarán los primeros parachains oficiales, tendrán lugar en un futuro próximo.

Muchos analistas creen que las criptomonedas que se aseguren un punto de paracaídas verán un aumento significativo de su precio.

Polkadot es una de las altcoins con mejor rendimiento en 2020, lo cual no es sorprendente. La criptomoneda es un proyecto muy ambicioso que, al igual que Ethereum, aspira a ser un nuevo tipo de internet que conecte varias blockchains.

Conclusión:

A estas alturas ya deberías tener una buena idea de cómo llevar a cabo tu propia evaluación de riesgos cuando se trata de inversiones, venta y comercio de NFT. Asegúrese de que antes de empezar y gastar dinero, asegúrese de tener un plan, tener en cuenta la tasa de gas, hacer su investigación, y tener ganas de aprender el valor de los bienes digitales que desea comprar.

No te creas ningún bombo sin saber qué obtienes por tu dinero, o puede que acabes comprando un jpeg sobrevalorado que nunca venderás.

O si eres un artista, te proporcionamos nuestros 5 mejores mercados, cómo empezar a vender tus NFTs, y las razones por las que podrían ser la mejor opción para que empieces a vender tu obra como NFT.

Además de eso, y no podríamos repetirlo lo suficiente, la regla más importante para invertir en NFT y venderlas es educarse en el bombo antes de empezar.

Díganos qué le parece el libro y, si le ha resultado útil, déjenos una reseña para que otros puedan beneficiarse también.

Gracias por leer nuestro libro, y buena suerte en sus futuras inversiones y en el comercio de NFT.

Nuestros libros

Echa un vistazo a nuestro otro libro para aprender más sobre el comercio de criptomonedas, la inversión, cómo obtener beneficios y consejos y estrategias esenciales para un comienzo a prueba de fallos en el universo de las criptomonedas.

Únase al exclusivo Círculo Editorial de Stellar Moon!

Obtendrá acceso instantáneo a la lista de correo con actualizaciones de nuestros expertos cada semana.

Inscríbase hoy aquí: